欽定四庫全書　　子部九

提要

茶經　　　　譜錄類二飲饌之屬

臣等謹案茶經三卷唐陸羽撰唐書羽本傳稱羽著茶經三篇不言卷數藝文志載之小說家作三卷與今本同傳蓋以一卷為一篇也陳師道後山集有茶經序曰陸羽茶經家傳一卷畢氏王氏書三卷張氏書四卷內外

書十有一卷其文繁簡不同王畢氏書繁雜意其舊本張氏書簡明與家書合而多脱誤家書近古可考正曰七之事以下其文乃合三書以成之録為二篇藏于家此本三卷其王氏畢氏之書歟抑後山集傳寫多訛誤三篇為二篇也其書分十類曰一之源二之具三之造四之器五之煮六之飲七之事八之出九之略十之圖其曰具者皆采製之用其

曰器者皆煎飲之用故二者異部其曰圖者乃謂統上九類寫以絹素張之非别有圖其類十其文實九也言茶者莫精於羽其文亦樸雅有古意七之事所引多古書如司馬相如凡將篇一條三十八字為他書所無亦旁資考辨之一端矣

茶録

譜録類二　飲饌之屬

臣等謹案茶録一卷宋蔡襄撰襄字君謨莆

田人官至端明殿學士謚忠惠事跡具宋史
本傳是書乃其皇祐中為右正言修起居注
時所進前後皆有襄自序前序稱陸羽茶經
不第建安之品丁謂茶圖獨論采造之本至
於烹試曾未有聞輒條數事簡而易明後序
則治平元年勒石時作也分上下二篇上篇
論茶下篇論茶器皆所謂烹試之法通考載
之作試茶録然考襄二序俱自稱茶録石本

亦作茶録則試字為誤增明矣費衮梁谿漫志載有陳東此書跋曰余聞之先生長者君謨初為閩漕出意造密雲小團為貢物富鄭公聞之嘆曰此僕妾愛其主之事耳不意君謨亦復為此余時為兒聞此語亦知感慕及見茶録石本惜君謨不移此筆書旅獒一篇以進云云案北苑貢茶録稱太平興國中特置龍鳳模造團茶則團茶乃正供之土貢茗

溪漁隱叢話稱北苑官焙漕司歲貢為上則造茶乃轉運使之職掌襄特精其製是亦修舉官政之一端東所述富弼之言未免操之已蹙羣芳譜亦載是語而以為出歐陽修觀修所作龍茶録後序即述襄造小團茶事無一貶辭知其語出于依托安知富弼之言不出依托耶此殆因蘇軾詩中有前丁後蔡致養口體之語而附會其說非事實也況造茶

自慶歷中事進録自皇祐中事裏本閩人不過文人好事夸飾土産之結習必欲加以深文則錢惟演之貢姚黄花亦為軾詩所譏而歐陽修作牡丹譜將併責修以不移此筆注大學中庸乎東所云云所謂言之有故執之成理而實非通方之論者也

品茶要録　譜録類二　飲饌之屬

臣等謹案品茶要録一卷宋黄儒撰儒字道

輔陳振孫書録解題作道父者誤也建安人熙寧六年進士此書不載於宋史藝文志明新安程百二始刊行之有蘇軾書後一篇稱儒博學能文不幸早亡云云其文見於閣本東坡外集然東坡外集實偽作（說詳集部本條下）則此文亦在疑信間也書中皆論建茶分為十篇一采造過時二白合盜葉三入襍四蒸不熟五過熟六焦釜七壓葉八清膏九傷焙十

辯壑源沙溪前後各為總論一篇大旨以茶之采製烹試各有其法低昂得失所辨甚微園民射利售欺易以淆混故特詳著其病以示人與他家茶録惟論地產品目及烹試器具者用意稍別惟東溪試茶録內有茶病一條所稱烏帶白合蒸芽必熟諸語亦僅略陳端緒不及此書之詳明録存其說可以互資考證也乾隆四十六年十月恭校上

總纂官臣紀昀臣陸錫熊臣孫士毅

總校官臣陸費墀

茶經卷上

唐 陸羽 撰

一之源

茶者南方之嘉木也一尺二尺迺至數十尺其巴山峽川有兩人合抱者伐而掇之其樹如瓜蘆葉如梔子花如白薔薇實如栟櫚蒂如丁香根如胡桃（瓜蘆木出廣州似茶至苦澀栟櫚蒲葵之屬其子似茶胡桃與茶根皆下孕兆至瓦礫苗木上抽）其字或從草或從

木或草木并從草當作茶其字出開元文字音義從木當作㭟其字出本草草木并作荼其字出爾雅其名一曰茶二曰檟三曰蔎四曰茗五曰荈周公云檟苦荼揚執戟云蜀西南人謂茶曰蔎郭弘農云早取為茶晚取為茗或一曰荈耳其地上者生爛石中者生櫟壤下者生黃土凡藝而不實植而罕茂法如種瓜三歲可採野者上園者次陽崖陰林紫者上綠者次筍者上牙者次葉卷上葉舒次陰山坡谷者不堪採掇性凝滯結瘕疾茶之為用味至寒為飲最宜精行儉德之人若熱渴凝悶腦疼目澀四支煩百節不舒聊

四五啜與醍醐甘露抗衡也採不時造不精雜以卉莽飲之成疾茶為累也亦猶人參上者生上黨中者生百濟新羅下者生高麗有生澤州易州幽州檀州者為藥無效況非此者設服薺苨使六疾不瘳知人參為累則茶累盡矣

二茶之具

籯（加追反）一曰籃一曰籠一曰筥以竹織之受五升或一㪷二㪷三㪷者茶人負以採茶也（籯漢書音盈所謂黃金滿籯不如一經顏

師古云籯竹器也受四升耳

竈無用突者釜用脣口者

甑或木或瓦匪腰而泥籃以箄之篾以系之始其蒸也入乎箄既其熟也出乎箄釜涸注於甑中甑不帶而泥之又以穀木枝三亞者制之散所蒸牙笋并葉畏流其膏

杵臼一曰碓惟恒用者佳

規一曰模一曰棬以鐵制之或圓或方或花

承一曰臺一曰砧以石為之不然以槐桑木半埋地中

遺無所搖動

檐一曰衣以油絹或雨衫單服敗者為之以檐置承上又以規置檐上以造茶也茶成舉而易之

芘莉音杷離一曰嬴子一曰篣筤以二小竹長三尺軀二尺五寸柄五寸以篾織方眼如圃人土羅闊二尺以列茶也

棨一曰錐刀柄以堅木為之用穿茶也

撲一曰鞭以竹為之穿茶以解茶也

焙鑿地深二尺闊二尺五寸長一丈上作短墻高二尺泥之

貫削竹為之長二尺五寸以貫茶焙之

棚一曰棧以木構於焙上編木兩層高一尺以焙茶也茶之半乾昇下棚全乾昇上棚

穿（音釧）江東淮南剖竹為之巴川峽山紉榖皮為之江東以一斤為上穿半斤為中穿四兩五兩為小穿峽中以一百二十斤為上穿八十斤為中穿五十斤為小穿字

舊作釵釧之釧字或作貫串今則不然如磨扇彈鑽縫五字文以平聲書之義以去聲呼之其字以穿名之

育以木制之以竹編之以紙糊之中有隔上有覆下有床傍有門掩一扇中置一器貯煻煨火令熅熅然江南梅雨時焚之以火（育者以其藏養為名）

三茶之造

凡採茶在二月三月四月之間茶之笋者生爛石沃土長四五寸若薇蕨始抽凌露採焉茶之牙者發於蘩薄

之上有三枝四枝五枝者選其中枝穎拔者採焉其日有雨不採晴有雲不採晴採之蒸之擣之拍之焙之穿之封之茶之乾矣茶有千萬狀鹵莽而言如胡人鞾者蹙縮然（謂文也）犎牛臆者廉襜然浮雲出山者輪囷然輕飈拂水者涵澹然有如陶家之子羅膏土以水澄泚之（謂澄泥也）又如新治地者遇暴雨流潦之所經此皆茶之精腴有如竹籜者枝榦堅實艱於蒸擣故其形籭簁然（上離下師）有如霜荷者莖葉凋沮易其狀貌故厥狀委萃然此

皆茶之瘠老者也自採至於封七經目自胡靴至於霜荷八等或以光黑平正言嘉者斯鑒之下也以皺黄坳垤言佳者鑒之次也若皆言嘉及皆言不嘉者鑒之上也何者出膏者光含膏者皺宿製者則黑日成者則黄蒸壓則平正縱之則坳垤此茶與草木葉一也茶之臧否存於口訣

茶經卷上

茶經卷中

唐 陸羽 撰

四茶之器

風爐灰承　筥　炭檛　火筴

鍑　交床　夾　紙囊

碾　羅合　則　水方

漉水囊　瓢　竹筴　鹺簋揭

熟盂 盌 畚 札 滌方

滓方 巾 具列 都籃

風爐 灰承

風爐以銅鐵鑄之如古鼎形厚三分緣闊九分令六分虛中致其圬墁凡三足古文書二十一字一足云坎上巽下離于中一足云體均五行去百疾一足云聖唐年號某年鑄其三足之間設三窗底一窗以為通飈漏燼之所上並古文書六字一窗

之上書伊公二字一窻之上書羮陸二字一窻之
上書氏茶二字所謂伊公羮陸氏茶也置墆埭於
其內設三格其一格有翟焉翟者火禽也畫一卦
曰離其一格有彪焉彪者風獸也畫一卦曰巽其
一格有魚焉魚者水蟲也畫一卦曰坎巽主風離
主火坎主水風能興火火能熟水故備其三卦焉
其飾以連葩垂蔓曲水方文之類其鑪或鍛鐵為
之或運泥為之其灰承作三足鉄柈檯之

筥

筥以竹織之高一尺二寸徑闊七寸或用藤作木楦如筥形織之六出圓眼其底蓋若利篋口鑠之

炭檛

炭檛以鐵六稜制之長一尺鋭一豐中執細頭系一小鑣以飾檛也若今之河隴軍人木吾也或作鎚或作釜隨其便也

火筴

火筴一名筯若常用者圓直一尺三寸頂平截無
葱臺勾鏁之屬以鐵或熟銅製之
鍑音輔或作釜或作鬴
鍑以生鐵為之今人有業冶者所謂急鐵其鐵以
耕刀之趄錬而鑄之内摸土而外摸沙土滑於内
易其摩滌沙澁於外吸其炎焰方其耳以正令也
廣其緣以務遠也長其臍以守中也臍長則沸中
沸中則末易揚末易揚則其味淳也洪州以瓷為

之萊州以石為之瓷與石皆雅器也性非堅實難可持久用銀為之至潔但涉於侈麗雅則雅矣潔亦潔矣若用之恒而卒歸於銀也

交牀

交牀以十字交之剜中令虛以支鍑也

夾

夾以小青竹為之長一尺二寸令一寸有節節已上剖之以炙茶也彼竹之篠津潤於火假其香潔

以益茶味恐非林谷間莫之致或用精鐵熟銅之
類取其久

紙囊

紙囊以剡藤紙白厚者夾縫之以貯所炙茶使不
泄其香也

碾 拂末

碾以橘木為之次以梨桑桐柘為之內圓而外方
內圓備於運行也外方制其傾危也內容墮而外

無餘木墮形如車輪不輻而軸焉長九寸闊一寸
七分墮徑三寸八分中厚一寸邊厚半寸軸中方
而執圓其拂末以鳥羽製之

羅合

羅末以合蓋貯之以則置合中用巨竹剖而屈之
以紗絹衣之其合以竹節為之或屈杉以漆之高
三寸蓋一寸底二寸口徑四寸

則

則以海貝蠣蛤之屬或以銅鐵竹匕策之類則者量也准也度也凡煑水一升用末方寸匕若好薄者減之嗜濃者增之故云則也

水方

水方以椆木槐楸梓等合之其裏并外縫漆之受一斗

漉水囊

漉水囊若常用者其格以生銅鑄之以備水濕無

有苔穢腥澀意以熟銅苔穢鐵腥澀也林棲谷隱者或用之竹木木與竹非持久涉遠之具故用之生銅其囊織青竹以捲之裁碧縑以縫之細翠鈿以綴之又作綠油囊以貯之圓徑五寸柄一寸五分

瓢

瓢一曰犧杓剖瓠為之或刊木為之晉舍人杜毓荈賦云酌之以匏匏瓢也口闊脛薄柄短永嘉中

餘姚人虞洪入瀑布山採茗遇一道士云吾丹丘子祈子他日甌犧之餘乞相遺也犧木杓也今常用以梨木為之

竹筴

竹筴或以桃柳蒲葵木為之或以柹心木為之長一尺銀裹兩頭

鹺簋

鹺簋以瓷為之圓徑四寸若合形或瓶或罍貯鹽

花也其撥竹制長四寸一分闊九分撥策也

熟盂

熟盂以貯熟水或瓷或沙受二升

盌

盌越州上鼎州次婺州次岳州次壽州洪州次或者以邢州處越州上殊為不然若邢瓷類銀越瓷類玉邢不如越一也若邢瓷類雪則越瓷類氷邢不如越二也邢瓷白而茶色丹越瓷青而茶色綠

邢不如越三也晉杜毓荈賦所謂器擇陶揀出自東甌甌越也甌越州上口脣不卷底卷而淺受半升已下越州瓷岳瓷皆青青則益茶茶作白紅之色邢州瓷白茶色紅壽州瓷黄茶色紫洪州瓷褐茶色黑皆不宜茶

畚

畚以白蒲捲而編之可貯盌十枚或用筥其紙帊以剡紙夾縫令方亦十之也

札

札緝栟櫚皮以茱萸木夾而縛之或截竹束而管之若巨筆形

滌方

滌方以貯滌洗之餘用楸木合之制如水方受八升

滓方

滓方以集諸滓製如滌方處五升

巾

巾以絁布為之長二尺作二枚互用之以潔諸器

具列

具列或作床或作架或純木純竹而製之或木或竹黃黑可扃而漆者長三尺闊二尺高六寸具列者悉斂諸器物悉以陳列也

都籃

都籃以悉設諸器而名之以竹篾內作三角方眼

外以雙篋闊者經之以單篋纖者縛之遞壓雙經作方眼使玲瓏高一尺五寸底闊一尺高二寸長二尺四寸闊二尺

茶經卷中

欽定四庫全書

茶經卷下

唐 陸羽 撰

五茶之煑

凡炙茶慎勿於風燼間炙熛焰如鑽使炎涼不均持以逼火屢其飜正候炮普教反出培塿狀蝦蟇背然後去火五寸卷而舒則本其始又炙之若火乾者以氣熟止日乾者以柔止其始若茶之至嫩者蒸罷熱搗葉爛而牙

笋存焉假以力者持千鈞杵亦不之爛如漆科珠壯士接之不能駐其指及就則似無穰骨也炙之則其節若倪倪如嬰兒之臂耳既而承熱用紙囊貯之精華之氣無所散越候寒末之（末之上者其屑如細米末之下者其屑如菱角）其火用炭次用勁薪（謂桑槐桐櫪之類也）其炭曾經燔炙為膻膩所及及膏木敗器不用之（膏木為柏桂檜也敗器謂朽廢等也）古人有勞薪之味信哉其水用山水上江水中井水下（荈賦所謂水則岷方之注挹彼清流）其山水揀乳泉石池慢流者上其瀑湧湍漱勿食之久食

令人有頸疾又多別流於山谷者澄浸不洩自火天至霜郊以前或潛龍蓄毒於其間飲者可決之以流其惡使新泉涓涓然酌之其江水取去人遠者井水取汲多者其沸如魚目微有聲為一沸緣邊如湧泉連珠為二沸騰波鼓浪為三沸已上水老不可食也初沸則水合量調之以鹽味謂棄其啜餘（啜嘗也市稅反又市悅反）無迺⿰鹵臽⿰鹵監而鍾其一味乎（上古暫反下吐濫反無味也）第二沸出水一瓢以竹筴環激湯心則量末當中心而下有頃勢若奔濤濺沫以所

出水止之而育其華也凡酌置諸盌令沫餑均字書并本草餑均茗沫也蒲笏反沫餑湯之華也華之薄者曰沫厚者曰餑細輕者曰花如棗花漂漂然於環池之上又如迴潭曲渚青萍之始生又如晴天爽朗有浮雲鱗然其沫者若綠錢浮於水渭又如菊英墮於樽俎之中餑者以滓煑之及沸則重華累沫皤皤然若積雪耳荈賦所謂煥如積雪曄若春藪有之第一煑水沸而棄其沫之上有水膜如黑雲母飲之則其味不正其第一者為雋永徐縣全縣二反

至美者曰雋永【雋味也永長也史長曰雋永漢書蒯通著雋永二十篇也】或留熟以貯之以備育華救沸之用諸第一與第二第三盌次之第四第五盌外非渴甚莫之飲凡煮水一升酌分五盌【盌數少至三多至五若人多至十加兩爐】乘熱連飲之以重濁凝其下精英浮其上如冷則精英隨氣而竭飲啜不消亦然矣茶性儉不宜廣則其味黯澹且如一滿盌啜半而味寡況其廣乎其色緗也其馨歎也【香至美曰歎歎音使】其味甘檟也不甘而苦荈也啜苦咽甘茶也【一本云其味苦而不甘檟也甘而不苦荈也】

六茶之飲

翼而飛毛而走呿而言此三者俱生於天地間飲啄以活飲之時義遠矣哉至若救渴飲之以漿蠲憂忿飲之以酒蕩昏寐飲之以茶茶之為飲發乎神農氏聞於魯周公齊有晏嬰漢有揚雄司馬相如吳有韋曜晉有劉琨張載遠祖納謝安左思之徒皆飲焉滂時浸俗盛於國朝兩都并荊俞間以為比屋之飲飲有觕茶散茶末茶餅茶者乃斫乃熬乃煬乃舂貯於瓶缶之中以湯沃

焉謂之痷茶或用葱薑棗橘皮茱萸薄荷之等煑之百
沸或揚令滑或煑去沫斯溝渠間棄水耳而習俗不已
於戲天育萬物皆有至妙人之所工但獵淺易所庇者
屋屋精極所著者衣衣精極所飽者飲食食與酒皆精
極之茶有九難一曰造二曰別三曰器四曰火五曰水
六曰炙七曰末八曰煑九曰飲陰採夜焙非造也嚼味
嗅香非別也羶鼎腥甌非器也膏薪庖炭非火也飛湍
壅潦非水也外熟內生非炙也碧粉縹塵非末也操艱

攪遽非煮也夏興冬廢非飲也夫珍鮮馥烈者其盌數三次之者盌數五若坐客數至五行三盌至七行五盌若六人以下不約盌數但闕一人而已其雋永補所闕人

七茶之事

三皇炎帝神農氏周魯周公旦齊相晏嬰漢仙人丹丘子黄山君司馬文園令相如楊執戟雄吳歸命侯韋太傅弘嗣晉惠帝劉司空琨琨兄子兖州刺史演張黄門

孟陽傅司隸咸江洗馬統孫參軍楚左記室太冲陸吳
興納納兄子會稽内史俶謝冠軍安石郭弘農璞桓揚
州温杜舍人毓武康小山寺釋法瑶沛國夏侯愷餘姚
虞洪北地傅巽丹陽弘君舉安任育長宣城秦精燉煌單
道開剡縣陳務妻廣陵老姥河内山謙之後魏瑯琊王
肅宋新安王子鸞鸞弟豫章王子尚鮑照妹令暉八公
山沙門譚濟齊世祖武帝梁劉廷尉陶先生弘景皇朝
徐英公勣

神農食經茶茗久服令人有力悅志

周公爾雅檟苦荼廣雅云荆巴間採葉作餅葉老者餅成以米膏出之欲煮茗飲先炙令赤色擣末置瓷器中以湯澆覆之用葱薑橘子芼之其飲醒酒令人不眠

晏子春秋嬰相齊景公時食脫粟之飯炙三弋五卵茗菜而已

司馬相如凡將篇烏喙桔梗芫華款冬貝母木蘗蔞芩草芍藥桂漏蘆蜚廉雚菌荈詫白斂白芷菖蒲芒消莞

椒茱萸

方言蜀西南人謂茶曰蔎

吳志韋曜傳孫皓每饗宴坐席無不率以七升為限雖不盡入口皆澆灌取盡曜飲酒不過二升皓初禮異密賜茶荈以代酒

晉中興書陸納為吳興太守時衛將軍謝安常欲詣納（晉書云納為吏部尚書）納兄子俶怪納無所備不敢問之乃私蓄十數人饌安既至所設惟茶果而已俶遂陳盛饌珍羞

畢具及安去納杖俶四十云汝既不能光益叔父奈何
穢吾素業

晉書桓温為揚州牧性儉每讌飲惟下七奠拌茶果而
已

搜神記夏侯愷因疾死宗人字苟奴察見鬼神見愷來
收馬并病其妻著平上幘單衣入坐生時西壁大牀就
人覓茶飲

劉琨與兄子南兖州刺史演書云前得安州乾薑一斤

桂一斤黄芩一斤皆所須也吾體中潰悶常仰眞茶汝可置之

傅咸司隸教曰聞南方有以困蜀嫗作茶粥賣為羣吏打破其器具嗣又賣餅於市而禁茶粥以蜀姥何哉

神異記餘姚人虞洪入山採茗遇一道士牽三青牛引洪至瀑布山曰吾丹丘子也聞子善具飲常思見惠山中有大茗可以相給祈子他日有甌犧之餘乞相遺也因立奠祀後常令家人入山獲大茗焉

左思嬌女詩吾家有嬌女皎皎頗白皙小字為紈素口齒自清歷有姊字惠芳眉目粲如畫馳騖翔園林果下皆生摘貪華風雨中倏忽數百適心為茶荈劇吹噓對鼎鑩

張孟陽登成都樓詩云借問楊子舍想見長卿廬程卓累千金驕侈擬五侯門有連騎客翠帶腰吳鉤鼎食隨時進百和妙且殊披林採秋橘臨江釣春魚黑子過龍醢果饌踰蟹蝑芳茶冠六情溢味播九區人生茍安樂

茲土聊可娛

傅巽七誨蒲桃宛柰齊柿燕栗峘陽黃梨巫山朱橘南中茶子西極石蜜

弘君舉食檄寒溫既畢應下霜華之茗三爵而終應下諸蔗木瓜元李楊梅五味橄欖懸豹葵羹各一杯

孫楚歌茱萸出芳樹顛鯉魚出洛水泉白鹽出河東美豉出魯淵薑桂茶荈出巴蜀椒橘木蘭出高山蓼蘇出溝渠精稗出中田

華佗食論苦茶久食益意思

壺居士食忌苦茶久食羽化與韭同食令人體重

郭璞爾雅注云樹小似梔子冬生葉可煑羮飲今呼早取為茶晚取為茗或一曰荈蜀人名之苦茶

世說任瞻字育長少時有令名自過江失志既下飲問人云此為茶為茗覺人有怪色乃自分明云向問飲為熱為冷

續搜神記晉武帝宣城人秦精常入武昌山採茗遇一

毛人長丈餘引精至山下示以藂茗而去俄而復還乃探懷中橘以遺精精怖負茗而歸

晉四王起事惠帝蒙塵還洛陽黄門以瓦盂盛茶上至尊

異苑剡縣陳務妻少與二子寡居好飲茶茗以宅中有古塚每飲輒先祀之二子患之曰古塚何知徒以勞意欲掘去之母苦禁而止其夜夢一人云吾止此塚三百餘年卿二子恒欲見毁賴相保護又享吾佳茗雖潛壤

朽骨豈忘翳桑之報及曉於庭中獲錢十萬似久埋者
但貫新耳母告二子慙之從是禱饋愈甚
廣陵耆老傳晉元帝時有老姥每旦獨提一器茗往市
鬻之市人競買自旦至夕其器不減所得錢散路傍孤
貧乞人人或異之州法曹縶之獄中至夜老姥執所鬻
茗器從獄牖中飛出
藝術傳燉煌人單道開不畏寒暑常服小石子所服藥
有松桂蜜之氣所餘茶蘇而已

釋道該說續名僧傳宋釋法瑶姓楊氏河東人永嘉中過江遇沈臺真臺真在武康小山寺年垂懸車飯所飲茶永明中勑吳興禮致上京年七十九

宋江氏家傳江統字應遷愍懷太子洗馬常上疏諫云今西園賣醯麪藍子菜茶之屬虧敗國體

宋録新安王子鸞豫章王子尚詣曇濟道人於八公山道人設茶茗子尚味之曰此甘露也何言茶茗

王微雜詩寂寂掩高閣寥寥空廣廈待君竟不歸收領

今就檟

鮑照妹令暉著香茗賦

南齊世祖武皇帝遺詔我靈座上慎勿以牲為祭但設餅果茶飲乾飯酒脯而已

梁劉孝綽謝晉安王餉米等啓傳詔李孟孫宣教旨垂賜米酒瓜筍菹脯酢茗八種氣苾新城味芳雲松江潭抽節邁昌荇之珍疆埸擢翹越葺精之美羞非純束野麐裛似雪之驢鮓異陶瓶河鯉操如瓊之粲茗同食粲

酢類望柑免千里宿舂省三月種聚小人懷惠大懿難忘陶弘景雜錄苦茶輕換膏昔丹丘子青山君服之

後魏錄瑯琊王肅仕南朝好茗飲蓴羹及還北地又好羊肉酪漿人或問之茗何如酪肅曰茗不堪與酪為奴

桐君錄西陽武昌廬江晉陵好茗皆東人作清茗茗有餑飲之宜人凡可飲之物皆多取其葉天門冬扶揳取根皆益人又巴東別有真茗茶煎飲令人不眠俗中多煑檀葉并大皁李作茶並冷又南方有瓜蘆木亦似茗

至苦澁取為屑茶飲亦可通夜不眠煑鹽人但資此飲
而交廣最重客來先設乃加以香芼輩
坤元録辰州溆浦縣西北三百五十里無射山云蠻俗
當吉慶之時親族集會歌舞於山上山多茶樹
括地圖臨遂縣東一百四十里有茶溪
山謙之吳興記烏程縣西二十里有温山出御荈夷陵
州圖經黄牛荆門女觀望等山茶茗出焉
永嘉圖經永嘉縣東三百里有白茶山

淮陰圖經山陽縣南二十里有茶坡

茶陵圖經云茶陵者所謂陵谷生茶茗焉本草木部茗

苦茶味甘苦微寒無毒主瘻瘡利小便去痰渴熱令人

少睡秋採之苦主下氣消食注云春採之

本草菜部苦茶一名茶一名選一名游冬生益州川谷

山陵道傍凌冬不死三月三日採乾注云疑此即是今

茶一名茶令人不眠本草注按詩云誰謂茶苦又云堇

茶如飴皆苦菜也陶謂之苦茶木類非菜流茗春採謂

之苦榡 途遐反

枕中方療積年瘻苦茶蜈蚣並炙令香熟等分擣篩煑甘草湯洗以末傅之

孺子方療小兒無故驚蹶以苦茶葱鬚煑服之

八茶之出

山南以峽州上 峽州生遠安宜都夷陵三縣山谷 襄州荆州次 襄州生南鄭縣山谷荆州生江陵縣山谷 衡州下 生衡州茶陵二縣山谷 金州梁州又下 金州生西城安康二縣山谷梁州生襄城金牛二縣山谷

淮南以光州上（生光山縣黃頭港者與峽州同）義陽郡舒州次（生義陽縣鍾山者與襄州同舒州生太湖縣潛山者與荊州同）壽州下（盛唐縣生霍山者與衡山同也）蘄州黃州又下（蘄州生黃梅縣山谷黃州生麻城縣山谷並與荊州梁州同也）

浙西以湖州上（湖州生長城縣顧渚山谷與峽州光州同生烏瞻山天目山白茅山懸脚嶺與襄州荊南義陽郡同生鳳亭山伏翼閣飛雲曲水二寺啄木嶺與壽州常州同生安吉武康二縣山谷與金州梁州同）常州次（常州義興縣生君山懸脚嶺北峯下與荊州義陽郡同生圈嶺善權寺石亭山與舒州同）宣州杭州睦州歙州下（宣州生宣城縣雅山與蘄州同太平縣生上睦臨睦與黃州同杭州臨安於潛二縣生天目山與舒州同錢塘生天竺靈隱二寺睦州生桐廬縣山谷歙州生婺源山谷與衡州同）潤州蘇州

又下潤州江寧縣生傲山蘇州長州縣生洞庭山與金州蘄州梁州同劒南以彭州上
生九隴縣馬鞍山至德寺棚口與襄州同綿州蜀州次綿州龍安縣生松嶺關與荆州同其西昌
昌明神泉縣西山者並佳有過松嶺者不堪採蜀州青城縣生丈人山與綿州同青城縣有散茶木茶邛
州次雅州瀘州下雅州百丈山名山瀘州瀘川者與金州同眉州漢州又下
眉州丹校縣生鐵山者漢州綿竹縣生竹山者與潤州同浙東以越州上餘姚縣生瀑布泉嶺
曰仙茗大者殊異小者與襄州同明州婺州次明州鄮縣生榆筴村婺州東陽縣東白山與荆
州同台州下台州豐縣生赤城者與歙州同黔中生恩州播州費州夷州
江南生鄂州袁州吉州嶺南生福州建州韶州象州福州

生閩方山之陰縣也其恩播費夷鄂袁吉福建泉韶象十一州未詳往往得之其味極佳

九茶之略

其造具若方春禁火之時於野寺山園叢手而掇乃蒸乃舂乃煬以火乾之則又棨撲焙貫棚穿育等七事皆廢其煑器若松閒石上可坐則具列廢用槁薪鼎櫪之屬則風爐灰承炭檛火筴交床等廢若瞰泉臨澗則水方滌方漉水囊廢若五人已下茶可末而精者則羅廢

若援藟躋嵒引絙入洞於山口炙而末之或紙包合貯則碾拂末等廢既瓢盌筴札熟盂鹺簋悉以一筥盛之則都籃廢但城邑之中王公之門二十四器闕一則茶廢矣

十茶之圖

以絹素或四幅或六幅分布寫之陳諸座隅則茶之源之具之造之器之煮之飲之事之出之畧目擊而存於是茶經之始終備焉

茶經卷下

欽定四庫全書

茶録

宋 蔡襄 撰

臣前因奏事伏蒙陛下諭臣先任福建轉運使日所進上品龍茶最為精好臣退念草木之微首辱陛下知鑒若處之得地則能盡其材昔陸羽茶經不第建安之品丁謂茶圖獨論採造之本至於烹試曽未有聞臣輒條數事簡而易明勒成二篇名曰茶録伏惟

清閒之宴或賜觀采臣不勝惶懼榮幸之至謹序

上篇論茶

色

茶色貴白而餅茶多以珍膏油(去聲)其面故有青黃紫黑之異善別茶者正如相工之眎人氣色也隱然察之於内以肉理潤者為上顏色次之黃白者受水昏重青白者受水詳明故建安人開試以青白勝黃白

香

茶有真香而入貢者微以龍腦和膏欲助其香建安民間試茶皆不入香恐奪其真若烹點之際又雜珍果香草其奪益甚正當不用

味

茶味主於甘滑惟北苑鳳凰山連屬諸焙所產者味佳隔溪諸山雖及時加意製作色味皆重莫能及也又有水泉不甘能損茶味前世之論水品者以此

藏茶

茶宜蒻葉而畏香藥喜溫燥而忌濕冷故收藏之家以蒻葉封裹入焙中兩三日一次用火常如人體溫溫則禦濕潤若火多則茶焦不可食

炙茶

茶或經年則香色味皆陳於淨器中以沸湯漬之刮去膏油一兩重乃止以鈐箝之微火炙乾然後碎碾若當年新茶則不用此說

碾茶

碾茶先以淨紙密裹搥碎然後熟碾其大要旋碾則色白或經宿則色已昏矣

羅茶

羅細則茶浮麤則水浮

候湯

候湯最難未熟則沫浮過熟則茶沈前世謂之蟹眼者過熟湯也沈瓶中煮之不可辯故曰候湯最難

熁盞

凡欲點茶先須熁盞令熱冷則茶不浮

點茶

茶少湯多則雲脚散湯少茶多則粥面聚（建人謂之雲脚粥面）鈔茶一錢匕先注湯調令極勻又添注入環迴擊拂湯上盞可四分則止眡其面色鮮白著盞無水痕為絶佳建安開試以水痕先者為負耐久者為勝故較勝負之說曰相去一水兩水

下篇論茶器

茶焙

茶焙編竹為之裹以蒻葉蓋其上以收火也隔其中以有容也納火其下去茶尺許常温温然所以養茶色香味也

茶籠

茶不入焙者宜密封裹以蒻籠盛之置高處不近濕氣

砧椎

砧椎蓋以砧茶砧以木為之椎或金或鐵取於便用

茶鈐

茶鈐屈金鐵為之用以炙茶

茶碾

茶碾以銀或鐵為之黃金性柔銅及碖石皆能生鉎音星不入用

茶羅

茶羅以絕細為佳羅底用蜀東川鵝溪畫絹之密者投湯中揉洗以羃之

茶盞

茶色白宜黑盞建安所造者紺黑紋如兔毫其杯微厚熁之久熱難冷最為要用出他處者或薄或色紫皆不及也其青白盞鬭試家自不用

茶匙

茶匙要重擊拂有力黃金為上人間以銀鐵為之竹者輕建茶不取

湯瓶

瓶要小者易候湯又點茶注湯有準黄金為上人間以銀鐵或瓷石為之

臣皇祐中脩起居注奏事仁宗皇帝屢承天問以建安貢茶并所以試茶之狀臣謂論茶雖禁中語無事於密造茶録二篇上進後知福州為掌書記竊去藏槀不復能記知懷安縣樊紀購得之遂以刋勒行於好事者然多舛謬臣追念先帝顧遇之恩攬本流涕輙加正定書之於石以永其傳治平元年五月二十

六日三司使給事中臣蔡襄謹記

茶録

品茶要錄

宋　黄儒　撰

總論

說者常怪陸羽茶經不第建安之品葢前此茶事未甚興靈芽眞笋往往委翳消腐而人不知惜自國初以来士大夫沐浴膏澤詠歌昇平之日久矣夫體勢灑落神觀冲淡惟兹茗飲爲可喜園林亦相與摘英夸異制捲

鬻新而趨時之好故殊絶之品始得自出於蓁莽之間而其名遂冠天下借使陸羽復起閲其金餅味其雲腴當爽然自失矣因念草木之材一有負瓌偉絶特者未甞不遇時而後興況於人乎然士大夫間爲珍藏精試之具非會雅好眞未甞輒出其好事者又甞論其采制之出入器用之宜否較試之湯火圖於縑素傳翫於時獨未有補於賞鑒之明爾蓋圜民射利膏油其面色品味易辨而難評予因收閲之暇爲原采造之得失較試

之低昂次爲十說以中其病題曰品茶要錄云

一采造過時

茶事起於驚蟄前其采芽如鷹爪初造曰試焙又曰一火次曰二火二火之茶已次一火矣故市茶芽者惟同出於三火前者爲最佳尤喜薄寒氣候陰不至於凍（芽茶尤畏霜有造於一火二火皆遇霜而三火霜霽則三火之茶勝矣）晴不至於暄則穀芽含養約勤而滋長有漸采工亦優爲矣凡試時泛色鮮白隱於薄霧者得於佳時而然也有造於積雨者其色

昏黃或氣候暴暄茶芽蒸發采工汗手熏漬揀摘不給則製造雖多皆爲常品矣試時色非鮮白水脚微紅者過時之病也

二白合盜葉

茶之精絶者曰鬬曰亞鬬其次揀芽茶芽鬬品雖最上園户或止一株蓋天材間有特異非能皆然也且物之變勢無窮而人之耳目有盡故造鬬品之家有昔優而今劣前負而後勝者雖工有至有不至亦造化推移不

可得而擅也其造一火曰鬭二火曰亞鬭不過十數銙而已揀芽則不然徧園隴中擇其精英者爾其或貪多務得又滋色澤往往以白合盜葉間之試時色雖鮮白其味澀淡者閒白合盜葉之病也一鷹爪之芽有兩小葉抱而生者白合也新條葉之抱生而色白者盜葉也造揀芽常剔取鷹爪而白合不用況盜葉乎

三入雜

物固不可以容偽況飲食之物尤不可也故茶有入他葉者建人號為入雜銙列入柿葉常品入桴檻葉二葉

易致又滋色澤園民欺售直而爲之試時無粟紋甘香盞面浮散隱如微毛或星星如纖絮者入雜之病也善茶品者側盞視之所入之多寡從可知矣嚮上下品有之近雖鎔列亦或勾使

四蒸不熟

穀芽初采不過盈箱而已趣時爭新之勢然也既采而蒸既蒸而研蒸有不熟之病有過熟之病蒸不熟則雖精芽所損已多試時色青易沉味爲挑入之氣者不蒸

熟之病也唯正熟者味甘香

五過熟

茶芽方蒸以氣為候視之不可以不謹也試時色黃而栗紋大者過熟之病也然雖過熟愈於不熟甘香之味勝也故君謨論色則以青白勝黃白余論味則以黃白勝青白

六焦釜

茶蒸不可以逾久久而過熟又久則湯乾而焦釜之氣

上茶工有乏新湯以益之是致熏損茶黃試時色多昏紅氣焦味惡者焦釜之病也（建人號為熱鍋氣）

七壓黃

茶已蒸者為黃黃細則已入棬模制之矣蓋清潔鮮明則香色如之故采佳品者常於半曉間衝蒙雲霧或以罐汲新泉懸胸間得必投其中蓋欲鮮也其或日氣烘爍茶芽暴長工力不給其芽已陳而不及蒸蒸而不及研研或出宿而後製試時色不鮮明薄如壞卵氣者壓

黃也

八清膏

茶餅光黃又如蔭潤者榨不乾也榨欲盡去其膏膏盡則有如乾竹葉之色惟飾首面者故榨不欲乾以利易售試時色雖鮮白其味帶苦者漬膏之病也

九傷焙

夫茶本以芽葉之物就之捲模既出卷上笪焙之用火務令通徹卽以灰覆之虛其中以熱火氣然茶民不喜

用實炭號爲冷火以茶餅新温欲速乾以見售故用火常帶烟焰烟焰既多稍失看候以故熏損茶餅試時其色皆紅氣味帶焦者傷焰之病也

十辯壑源沙溪

壑源沙溪其地相背而中隔一嶺其勢無數里之遠然茶產頓殊有能出火移栽植之亦爲土氣所化竊嘗怪茶之爲草一物爾其勢必由得地而後異豈水絡地脉偏鍾粹於壑源抑御焙占此大岡巍隴神物伏護得其

餘蔭耶何其甘芳精至而獨擅天下也觀夫春雷一驚筠籠纔起售者已擔簦挈橐於其門或先期而散留金錢或茶纔入笪而爭酬所直故壑源之茶常不足客所求其有桀滑之園民陰取沙溪茶黃雜就家捲而製之人徒趣其名睨其規模之相若不能原其實者蓋有之矣凡壑源之茶售以十則沙溪之茶售以五其直大率放此然沙溪之園民亦勇於為利或雜以松黃飾其首面凡肉理怯薄體輕而色黃試時雖鮮白不能久泛香

薄而味短者沙溪之品也凡肉理實厚體堅而色紫試時泛盞凝久香滑而味長者壑源之品也

後論

余嘗論茶之精絶者白合未開其細如麥蓋得青陽之輕清者也又其山多帶砂石而號嘉品者皆在山南蓋得朝陽之和者也余嘗事閑乗晷景之明淨適軒亭之瀟灑一取佳品嘗試既而求水生於華池愈甘而清其有助乎然建安之茶散天下者不爲少而得建安之精

品不爲多葢有得之者不能辯能辯矣或不善於烹試善烹試矣或非其時猶不善也況非其賓乎然未有主賢而賓愚者也夫惟知此然後盡茶之事昔者陸羽號爲知茶然羽之所知者皆今所謂草茶何哉如鴻漸所論煮茶葉畏流其膏葢草茶味短而淡故常恐去膏建茶力厚而甘故惟欲去膏又論福建爲未詳往往得之其味極佳由是觀之鴻漸未嘗到建安歟

品茶要錄

書黄道輔品茶要録後

眉山蘇軾書

物有眇而理無方窮天下之辯不足以盡一物之理達者寓物以發其辯則一物之變可以盡南山之竹學者觀物之極而游於物之表則何求而不得故輪扁行年七十而老於斵輪庖丁自技而進乎道由此其選也黄君道輔諱儒建安人博學能文淡然精深有道之士也作品茶要録十篇委曲微妙皆陸鴻漸以来論茶者所

未及非至靜無求虛中不留烏能察物之情如此其詳哉昔張機有精理而韻不能高故卒為名醫令道輔無所發其辯而寓之於茶為世外淡泊之好此以高韻輔精理者予悲其不幸早亡獨此書傳於世故發其篇末云

仿古版文淵閣四庫全書

子部・茶經卷上至下 茶錄 品茶要錄

編纂者◆（清）紀昀 永瑢等
發行人◆王春申
編輯指導◆林明昌
營業部兼任
編輯部經理◆高珊
編印者◆本館四庫籌備小組
承製者◆博創印藝文化事業有限公司

出版發行：臺灣商務印書館股份有限公司
23150 新北市新店區復興路 43 號 8 樓
電話：(02)8667-3712　傳真：(02)8667-3709
讀者服務專線：0800056196
郵撥：0000165-1
E-mail：ecptw@cptw.com.tw
網路書店網址：www.cptw.com.tw
網路書店臉書：facebook.com.tw/ecptwdoing
臉書：facebook.com.tw/ecptw
部落格：blog.yam.com/ecptw

局版北市業字第 993 號
初版一刷：1986 年 5 月
二版一刷：2010 年 10 月
三版一刷：2012 年 10 月
三版二刷：2016 年 2 月
定價：新台幣 900 元　A7620095

國立故宮博物院授權監製
臺灣商務印書館數位製作

ISBN 978-957-05-2784-1

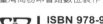

國家圖書館出版品預行編目 (CIP) 資料

欽定四庫全書．子部 ： 茶經．卷上至下，茶錄 品
茶要錄／（清）紀昀，永瑢等編纂． -- 三版． --
臺北市 ： 臺灣商務，2012. 10
面； 公分
ISBN 978-957-05-2784-1（線裝）

1. 四庫全書

082.1 101021436